FOR2

FOR pleasure　FOR life

猫心經

THE HEART SUTRA OF CATS

洪啓嵩 圖·文

緣起

莊嚴的靈山貓會，偉大的佛貓安詳地坐在寶座上。

所有的貓，都寂靜地圍繞在四周。這時，天貓恭敬地站了起來，向佛貓頂禮，並獻上一個金色的絨毛球，恭請佛貓說法。

佛貓用充滿慈悲與智慧的目光，注視著大眾。

他知道說法的因緣到了，於是伸出柔軟的貓掌，準備接下這個莊嚴、可愛又好玩的絨毛球。就在這個時候，不知是什麼原因，絨毛球竟然沒有交到佛貓手中就掉了下來，在地上一彈就彈得很高。

就像所有的貓一樣，佛貓在剎那間已經從寶座上躍起，在半空中接過這個絨毛球又落回寶座。

他的動作輕巧得沒法形容，可是絨毛球的線散開，纏了他一頭。這時，眾貓不約而同地「喵」了一聲，有的貓噗哧笑出聲來，還有一兩隻差點也跟著跳起又忍住。

如果是狗的話，大家這個時候會更興奮、更歡樂。但是，但是對矜持的貓來說，大家的心情已經充分流露。

佛貓已經從線團中脫身。他起身朝天貓走去，大家屏息以待，全場此起彼落地響起呼嚕聲。

佛貓把亂成一團的金色絨毛寶球交給天貓，並說道：

「佛心就是貓心，貓心就是佛心。觀佛實相，觀貓亦然，究竟平等，無二無別。微妙法門，全在貓心。貓的心，就是貓的經。」

他環顧四周眾貓，接著又說：「今天我說的法就是這些。也因為今天這個奇妙的因緣，接下來我也聽聽大家說法。絨毛寶球傳下去，輪到誰就請誰說。」

說完，佛貓就回到寶座，右側臥，安詳地聽大家說了《貓心經》。

緣起 004
貓心經 008

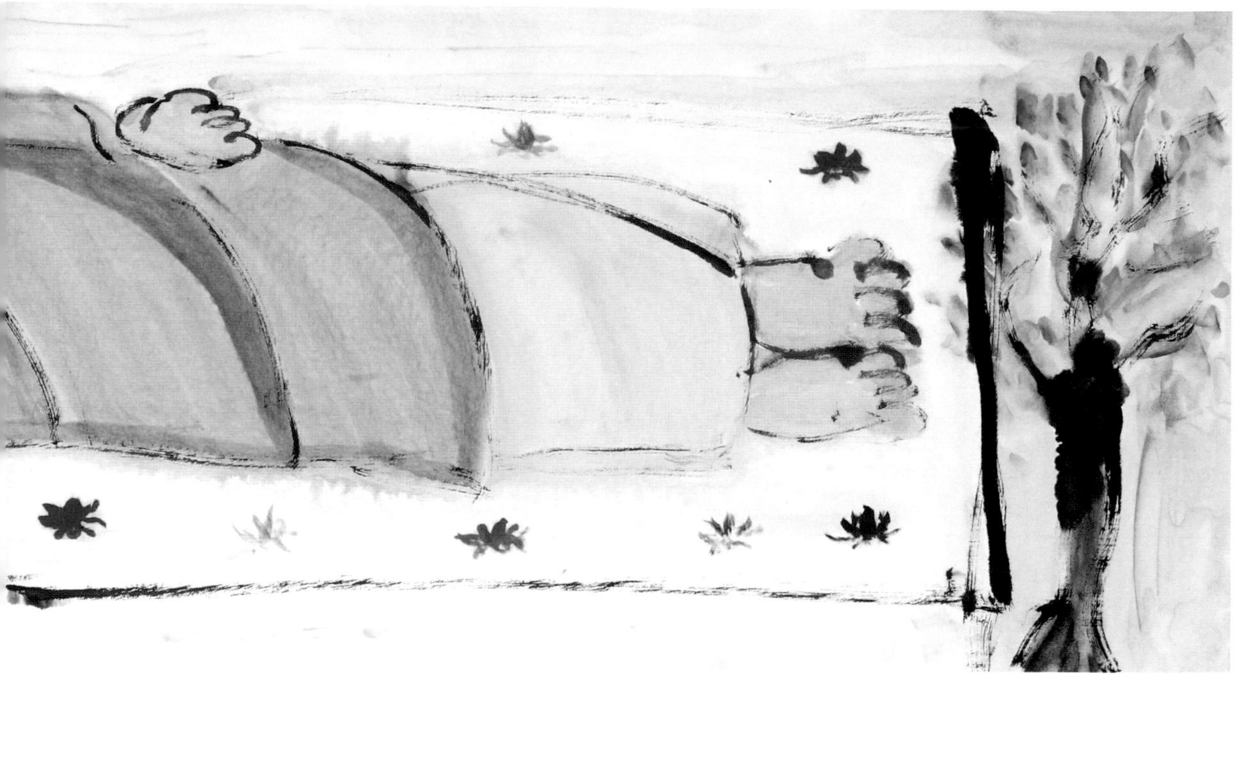

覺貓群像 090
跋 097

觀自在菩薩

The sutra is the heart of wisdom, which transcends everything.

天貓　說

跟人類相處久了，
容易貓格分裂，老搞不清楚自己是貓，是人。
固然法界一相，貓佛無二，貓人無二；
但貓有貓格，貓有貓經。
我認為：醒睡一如，隨時跳起，就是貓的真如。
所以，全貓是佛，愛睏貓也是佛。

行深般若波羅蜜多時

The Freeness-of-Vision Bodhisattva enlightens all and saw through the five skandhas, which were empty.

好貓要有菩提心。
不管是黑貓或白貓，有菩提心的就是好貓。
每天勤伸懶腰，勤練各種瑜珈，
就是生菩提心的不二法門。

瑜伽貓　說

照見五蘊皆空

while living in complete transcendental wisdom,

遊戲貓　說

百分之四十的貓用右手抓貓球，
百分之四十是左右並用，
百分之二十是左撇子。
會玩貓球，即上妙遊戲，可通一切貓法。
通一切貓法，即名佛貓。

度一切苦厄

and, so, was beyond suffering.

七嘴八舌貓　說

要當世界一流的貓公民。
相信公平、正義、平等，
相信貓生而自由，女貓、男貓平等。
也相信眾生皆有佛性，
因此不可以欺負老鼠、鳥、魚、狗及人。

舍利子

Listen. Sariputra!

清楚貓　說

好貓不亂醒。
好貓不亂喵。
要醒要喵，心裡都清清楚楚。

色不異空

Substance is not different from emptiness;

破分別心貓　說

「白貓非貓，花貓才是貓」，
這是貓的階級歧視。
破花色分別心，
就是破階級歧視，就是破迷障。
就是成佛貓之道。

空不異色

emptiness is not different from substance.

黑中有白貓　說

我拒絕與老虎比花色。

色即是空

And substance is the same as emptiness;

好花不可折，
好蝶不可撲。
就是無花，
也不可以折枝。

不折不撲貓　說

空即是色

emptiness is the same as substance.

迷迷覺覺貓　說

迷貓因為有方向，
才會有迷。
如果沒有方向的分別，
就不會迷失方向了。
所以先有迷貓，才有覺貓。

受想行識亦復如是

Feeling, thinking, willing, awareness are also like this: empty.

熊貓非貓，貓頭鷹非貓。
花貓非花，玉體非玉。
想入別非非。

非非貓　說

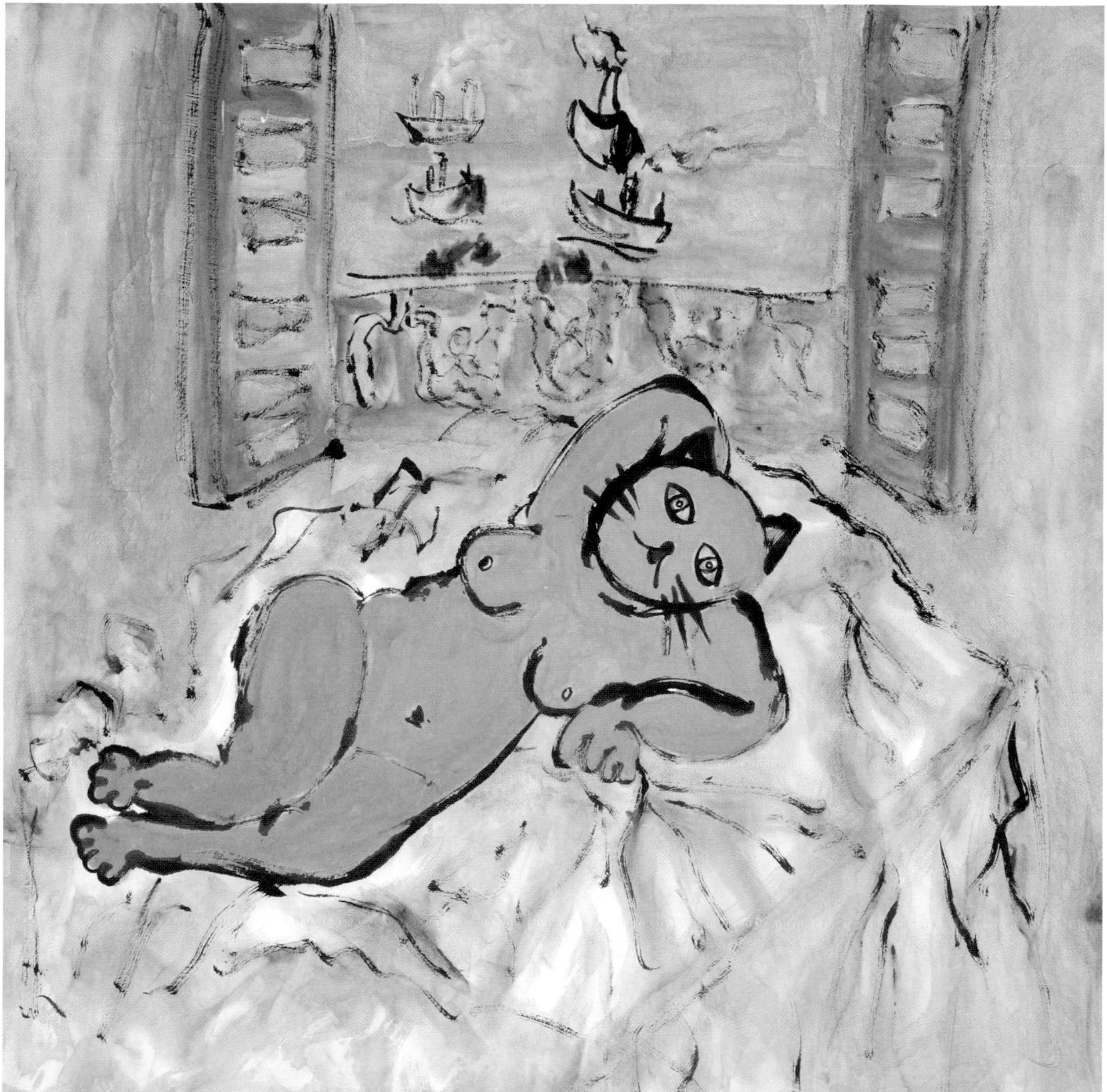

舍利子

Listen. Sariputra!

道貓 說

道生一，一生二，
二生三，三生貓及萬物。

是諸法空相

All are empty,

貓毛至上貓　說

春眠不覺曉，
處處聞啼鳥；
夜來風雨聲，
貓毛落多少？

不生不滅

non-beginning, non-ending,

抓咬貓　說

當人過於頑劣時，就喵他！
喵他不成，就輕輕用爪子抓他；
萬不得已，千萬不要用咬的。

不垢不淨

non-impurity, non-purity,

有所堅持貓　說

好貓不洗澡。
不要聽人類誘惑你用任何方法洗澡。

不增不減

non-increasing, non-decreasing.

與鳥並坐貓　說

貓並不是想欺負鳥。

貓最能欣賞鳥之美。

只是我們要克制雙爪的衝動。

是故空中無色

So, in emptiness, there is no substance,

夢想貓　說

「為什麼有的貓天生沒有翅膀，卻還是想飛呢？」

「為了實現夢想。」

我最近讀一本書得到的體悟。

無受想行識

no feeling, thinking, willing, or awareness.

投影貓　說

我是天空裏的一片貓雲，
偶爾投影在你的波心。
是浮雲蒼貓，
不是浮雲蒼狗。

無眼耳鼻舌身意

There are no eyes, ears, nose, tongue, body or awareness.

哲學家貓　說

絕對的理性，來自絕對的不理性。
絕對的非理性，來自絕對的理性。
事實上，絕對的理性與非理性根本不存在。
所以，以上的話可能是哲貓的囈語。

無色聲香味觸法

There is no substance, sound, smell, taste, sense of touch, or thought.

為了過去吃掉的魚難過嗎？
別想了。
現在還有想吃魚的念頭嗎？
別理了。
想到未來再也吃不到魚很遺憾嗎？
別管了。

三心貓　說

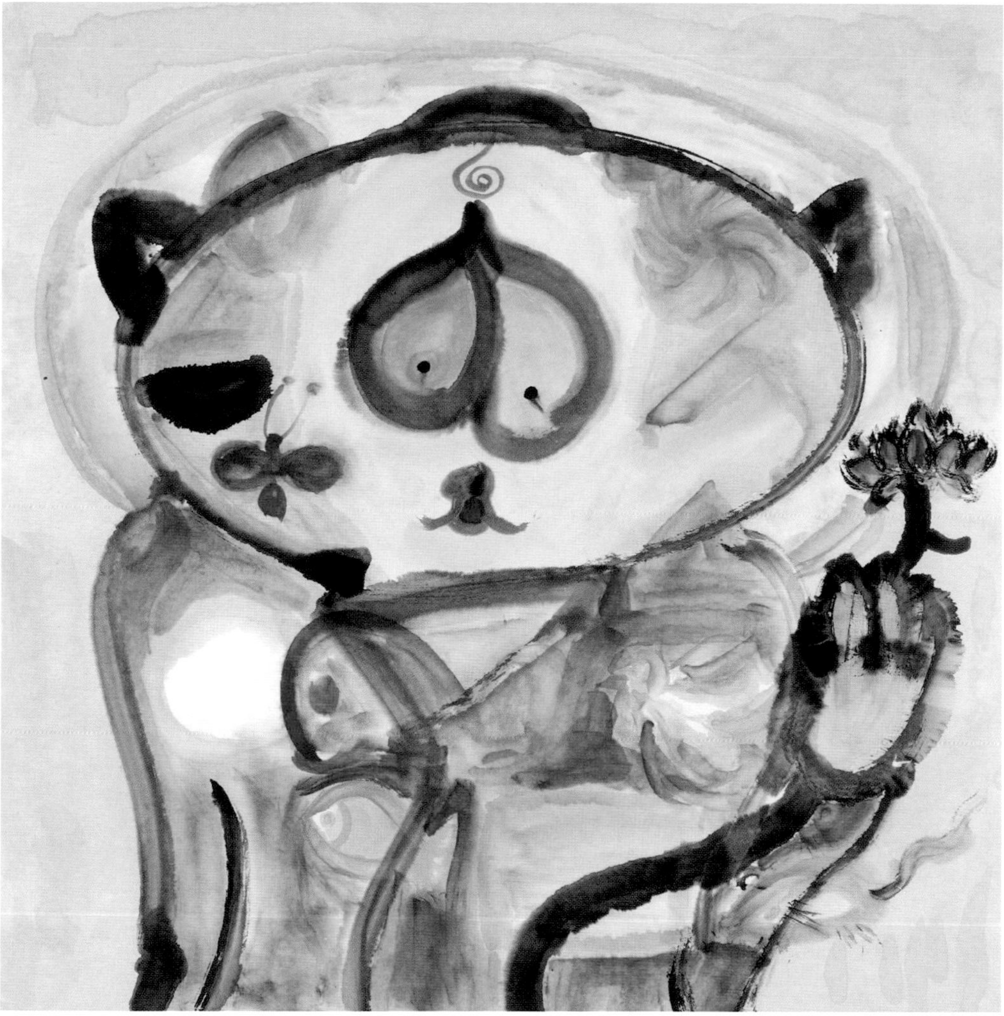

無眼界乃至無意識界

There is no realm of the senses, nor even a realm of awareness.

濟公貓　說

醉貓非貓。

無無明亦無無明盡

There is no unawareness nor cessation of unawareness.

細微分別貓　說

好貓不流浪，只是自由。

乃至無老死亦無老死盡

There is no senility or death, no cessation of senility or death.

九命貓　說

貓不只有九條命。

我們只是提醒人類：

生命不只他們看到的那樣而已。

無苦集滅道

There is no suffering, no cause of suffering,
no cessation of suffering, no cessation-of-suffering path.

偏見無執貓　說

覺貓是自由者、
遊戲者、
向覺悟者，
必然也是無執的偏見者。

無智亦無得

There is no wisdom and no achievement.

貓心是超越自然的，
因為貓心可以說：
所謂自然，
即非自然，是名自然。
不過，覺貓會偷偷跟你講
根本別管自然是啥貓毛。

名自然貓　說

以無所得故 菩提薩埵

Because there is no achievement, Bodhisattva,

勇敢貓　說

打貓架的時候，
要遠離勝負的分別，
當做正常的運動。

依般若波羅蜜多故
心無罣礙

transcending perfect wisdom, is not mind-clouded;

坐貓 說

不要老追著貓棒跑。
也不要老追著自己的尾巴跑。
要有安坐的時候。
安坐就是安住。

無罣礙故　無有恐怖

Mind unclouded, is liberated from existence and fear;

無畏貓　說

任何時刻保持鎮定、淡然。
從五樓摔下來時如此。
被人類在遠處呵罵如此。
被人類熱情擁抱也如此。

遠離顛倒夢想

free of confusion,

養人貓 說

不會養人的貓，
不是好貓。
但人類比較笨，要六、七歲後，
才能開始訓練。
可只要每天多花五分鐘時間，
關愛照料人類，人類會更加依賴你。
種花得花，養人得人，
因果不爽。

究竟涅槃

attains complete, high Nirvana.

當不能說時，只有沈默。
當能說時，也可以沈默。
無聲的世界，沒有喵聲，但可以喵。
貓的無意識，是「喵」。
貓的有意識，也是「喵」。
叫我們「喵星人」的人有福了。

維根斯坦貓　說

三世诸佛

All Buddhas, past, present and future,

所謂老鼠，即非老鼠，是名老鼠。
好貓咪要向老鼠頂禮。

禮敬老鼠貓　說

依般若波羅蜜多故

得阿耨多羅三藐三菩提

transcend perfect wisdom and are supremely, completely and perfectly enlightened.

貓空貓 說

貓空，

不是空無一貓，

而是貓要放空。

故知般若波羅蜜多
是大神呪

So Prajñāpāramitā, the insight of emptiness,

呼嚕貓大郎　說

我們隨時在呼嚕中持咒。
地球上沒有比我們更虔誠的心靈。

是大明咒

is the great holy verse,

呼嚕貓二郎 說

我們隨時在跳躍追趕中持咒。

是無上咒

the wisdom of enlightenment,

呼嚕貓三郎 說

我們隨時在花香和魚香的誘惑中持咒。

是無等等咒

unequaled and incomparable.

似睡似醒貓　說

我們隨時在似睡非睡、似醒非醒中持咒。

能除一切苦

It eliminates suffering.

離悲去苦貓　說

希望人類能知道：
有時候我們故作冷漠、遠離，
只是不想讓他們日後承受不了對我們的思念。

真實不虛

This is true and not false.

好貓知道快樂是無常的，
所以會在快樂的時刻無聲地溜開。

無常貓　說

好貓知道快樂是無常的，
所以會在無聲中感到快樂。

故說般若波羅蜜多咒
即說咒曰

So, we speak aloud and recite the Prajñāpāramitā:

六字真言貓　說

我們的六字大明咒：
嗡、嘛、呢、唄、喵、吽。

揭諦揭諦波羅揭諦

Gate Gate Pāra-gate

Gone, gone, gone beyond. All things to the other shore.

招財非財貓 說

要相信：

凡貓皆招財。

不是只有長那個樣子的貓才會招財。

因為財富是我們的心造出來的。

波羅僧揭諦

Pāra-samgate

Gone completely beyond all, to the other shore.

破除虛相貓　說

不可以貓相見如來。
如來所說貓相，即非貓相。
凡所有相皆是虛妄，
若見貓相非相，即見如來。
所以，機器貓哆啦A夢當然是貓。

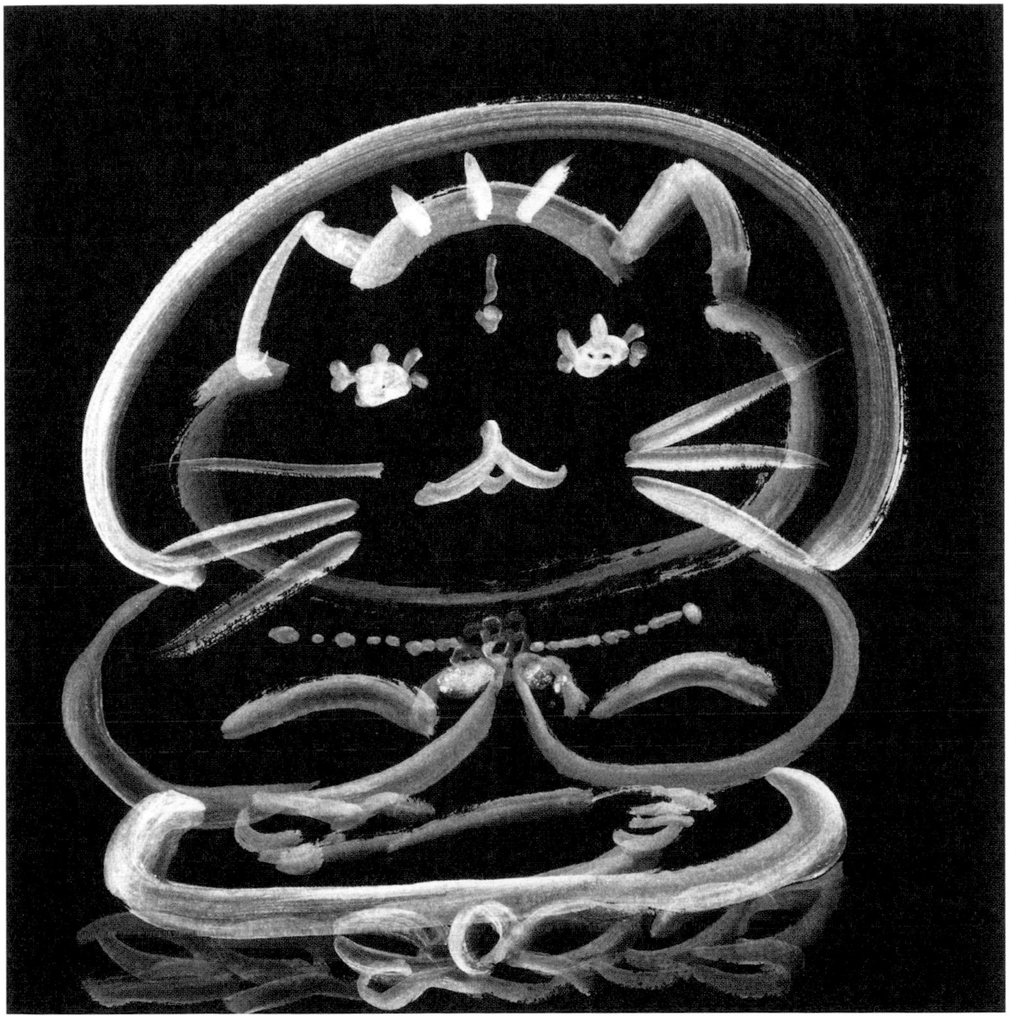

菩提薩婆訶

Bodhi Svāhā

Enlightening wisdom. All perfect.

泉源貓　說

舐毛就是沈思

沈思就是真理的泉源。

遊戲貓
Game-Lover Cat

瑜伽貓
Yoga Cat

天貓
Spiritual Cat

破分別心貓
Breaking-Barrier Cat

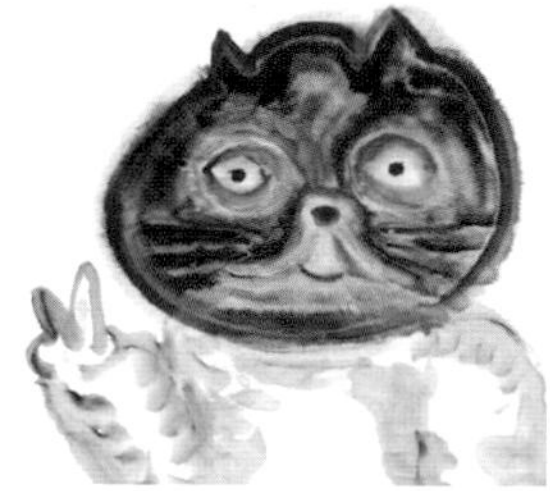

清楚貓
Clear Mind Cat

七嘴八舌貓
Talkative Cat

迷迷覺覺貓
Lost-and-Found Cat

不折不撲貓
No-Chasing Cat

黑中有白貓
Black-and-White Cat

貓毛至上貓
Hair-is-so-Important Cat

道貓
Tao Cat

非非貓
No No Cat

與鳥並坐貓
Bird-Lover Cat

有所堅持貓
Discipline Cat

抓咬貓
Gentleman Cat

哲學家貓
Philosopher Cat

投影貓
Impression Cat

夢想貓
Dreamer Cat

細微分別貓
Knowing-the-Difference Cat

濟公貓
Serious-Drinker Cat

三心貓
Past-Present-Future Cat

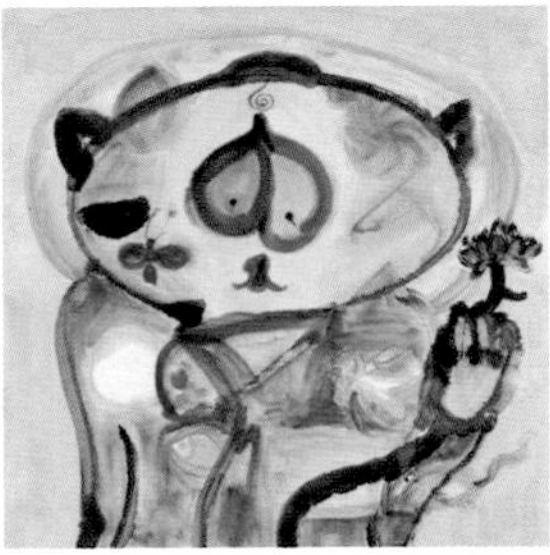

名自然貓
Beyond Nature Cat

偏見無執貓
Paranoid Cat

九命貓
Cat with Nine Lives

無畏貓
Calm Cat

坐貓
Resting Cat

勇敢貓
Brave Cat

禮敬老鼠貓
Salute-to-the-Mouse Cat

維根斯坦貓
Miao Cat

養人貓
Take-Care-of-Human-Being Cat

呼嚕貓二郎
Snoring Cat the Second

呼嚕貓大郎
Snoring Cat the First

貓空貓
Emptiness Cat

離悲去苦貓
Here-is-the-Reason Cat

似睡似醒貓
Sleeping-and-Waking Cat

呼嚕貓三郎
Snoring Cat the Third

招財非財貓
Wealth Cat

六字真言貓
Om Cat

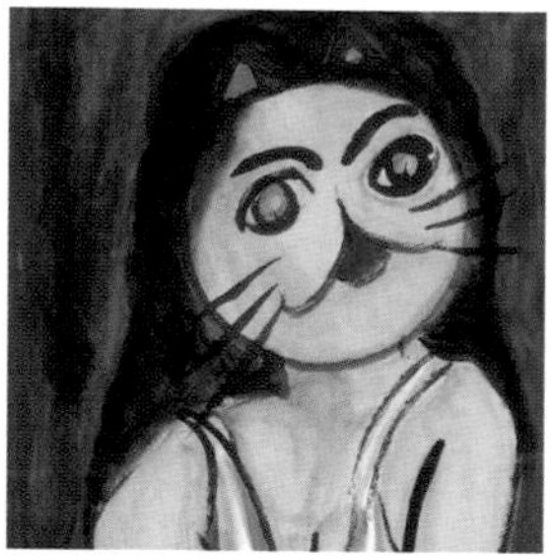

無常貓
Anitya Cat

泉源貓
Origin Cat

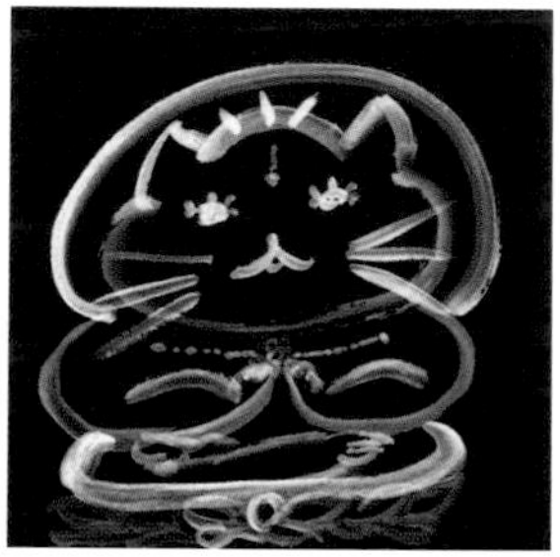

破除虛相貓
No-Illusion Cat

跋

佛法在我眼中，總帶著實相的微喜。

佛法不只不嚴肅，總有那麼悠然、歡悅，與輕鬆的觀自在。

眾生皆有佛性，一向是耳熟能詳的議題，但如何不只是論理，而能實踐，卻總是有些困難。但當透過貓，看到眾生平等，悉能成佛的實相；忽然之間，一切變得那麼自然，回到貓的本心，就看到了我們的本心，佛的本心。這不就是六祖惠能所引的《菩薩戒經》所說的：「我本元自性清淨」嗎？

《貓心經》，是每隻貓心中最原初的感動，以貓心傳貓心，以佛心傳佛心，透過這本《貓心經》，我彷彿看到了佛陀的本懷：眾貓皆有佛性，眾生皆有佛性。《心經》在此似乎更通透、更清楚了；似乎聽到了那讓人耳熟能詳的語句：

不立文字　教外別傳
直指貓心　見性成佛

《心經》成了一切眾生的《心經》，成了一切以心傳心的經典；我們為貓說法，貓也為我們說法；在此，《貓心經》更清楚地傳達了它的密義，貓與我們相互成為觀自在菩薩。

最近幾年，我一直在畫一幅世紀大佛，高一六六公尺，大約五十層樓高；寬有七十二點五公尺，面積超過一公頃，約一萬兩千平方公尺。不只是人類有始以來最大的畫，更是最大的佛像。

今年（二〇一八年）五月，這幅世紀大佛將即將圓滿完成。從五月九日，至十三日母親節，會掛在高雄展覽館的穹頂上展出。在這幅世紀大佛展出的前夕，有緣出版這本《貓心經》，我心中充滿了欣喜。

畫這些貓的圖畫，都是多年前的事了。回首當時，是希望透過貓的現身說法，來實踐眾生平等，悉能成佛的理念，每一張畫，都充滿了我對一切生命的禮敬。

《法華經》中說：佛陀以一大事因緣出現於世，就是開、示、悟、入佛的知見，使一切眾生成就無上菩提。所以，現在重新編整成這本書的本懷，不只希望眾生成佛，更希望透過貓的眼光，來超越我們的知見，開啟本覺佛性，圓滿大覺。

現在，在這微妙的因緣中，請眾佛貓示現，與世紀大佛對話，開啟這廿一世紀的美妙新樂章！

FOR2 35

貓心經

THE HEART SUTRA OF CATS

圖・文　洪啟嵩
心經集字　弘一法師
責任編輯　張雅涵
美術設計　林育鋒

出版　英屬蓋曼群島商網路與書股份有限公司台灣分公司

發行　大塊文化出版股份有限公司
台北市10550南京東路四段25號11樓
www.locuspublishing.com
電話：(02)8712-3898　傳真：(02)8712-3897
讀者服務專線：0800-006689
郵撥帳號：18955675　戶名：大塊文化出版股份有限公司
法律顧問：董安丹律師、顧慕堯律師

總經銷　大和書報圖書股份有限公司
地址：新北市24890新莊區五工五路2號
電話：(02)8990-2588　傳真：(02)2290-1658
製版：瑞豐實業股份有限公司
初版一刷：二〇一八年三月
定價：新台幣三五〇元
ISBN：978-986-96168-0-5
Printed in Taiwan

貓心經 / 洪啟嵩圖 . 文 . —— 初版 · ——臺北市 : 網路與書出版 :
大塊文化發行 , 2018.03　104 面 ; 19X20 公分 . —— (For2 ; 35)
ISBN 978-986-96168-0-5(平裝)
1. 般若部 2. 佛教修持　　221.45　107001831

猫心經　THE HEART SUTRA OF CATS

BEYOND NATURE CAT ／ 名自然貓